청어詩人選 196

빵이 되고 싶다

박일중 시집

도서출판 청어

빵이 되고 싶다

박일중 지음

발 행 처 · 도서출판 청어
발 행 인 · 이영철
영　 업 · 이동호
홍　 보 · 이용희
기　 획 · 천성래
편　 집 · 방세화
디 자 인 · 이해니 | 이수빈
제작이사 · 공병한
인　 쇄 · 두리터

등　 록 · 1999년 5월 3일
(제1999-000063호)

1판 1쇄 인쇄 · 2019년 8월 20일
1판 1쇄 발행 · 2019년 8월 26일

주소 · 서울특별시 서초구 남부순환로 364길 8-15 동일빌딩 2층
대표전화 · 02-586-0477
팩시밀리 · 0303-0942-0478

홈페이지 · www.chungeobook.com
E-mail · ppi20@hanmail.net
ISBN · 979-11-5860-687-9(03810)

이 도서의 국립중앙도서관 출판시도서목록(CIP)은 서지정보유통지원시스템 홈페이지
(http://seoji.nl.go.kr)와 국가자료공동목록시스템(http://www.nl.go.kr/kolisnet)
에서 이용하실 수 있습니다.(CIP제어번호: CIP2019031805)

빵이
되고 싶다

박일중 시집

시인의 말

내가 시를 사랑하는 것은
호기심이 남아 있다는 것이고
시의 육체를 다 탐닉하지 못한
까닭이다

길을 걸으면서
바람을 만나는 일도
낯선 사람을 만나는 일도
나에겐
그것이 신(神)이기 때문이다

—2019. 8. 신촌에서

차례

5 시인의 말

1부

10 빵이 되고 싶다
12 두 번째 첫 눈
14 경의선 숲길
16 오늘 설란다
18 수채화가 마르는 시간
20 환승역
22 변화 없는 변화의 거리에서
24 당신이 4월입니다
26 詩를 쓴다면서
28 종(鐘)이 되리라
29 상술에 대하여
30 아포가토(Affogato)
31 호두맛 과자
32 종점
34 윤이 나면 좋겠다
35 뿔나게 살자

2부

38 정선 아줌마
39 달맞이고개
40 붕어빵과 노인
42 벚꽃
43 시샘, 벚꽃
44 쿨(Cool)
45 풀독
46 일기
47 짝사랑
48 지나간 것에
49 선유도
50 너
51 황혼
52 새벽, 노동으로부터(1)
54 새벽, 노동으로부터(2)
56 9월의 길목
57 달걀후라이
58 지하철 단상

3부

62 자작나무 숲에서
64 지친 일몰을 기다리다가
66 진도 다시래기
68 진도 씻김굿
70 여행스케치
72 아우랑가바드역(驛)에서
73 소백산 능선에서
74 세렝게티
76 겨울 포구
78 안데스 편지(2)
80 타워에 올랐다
82 일몰, 와온(臥溫)에서
84 등대(1)
86 아드리아해
87 등대(2)
88 지구온난화
89 발아(發芽)

4부

92 사모곡
93 유전(遺傳)
96 가을의 뿌리
98 아직 그대로 있다
99 아버지의 詩
100 타향살이
102 간병
103 회향(懷鄕)
104 막다른 길에서
106 아버지의 강
107 동지 햇살
108 아버지는 시가 된다

해설 다초점렌즈의 시학
–민용태

135 後記

1부

빵이 되고 싶다

반죽에 첨가물을 섞어 바로 구우면
쿠키가 되지만
효모를 넣어 숙성시켜 구우면 빵이 된다
차이는 발효에 있다

효모들이 번지며 말랑해진 공간
물렁한 가슴을 그늘진 곳으로
내밀어 보는 것
짓무른 눈 주위를 살펴보는 것
그리고
견딜 수 있도록 안아보는 것

서로 벽처럼 딱딱한 쿠키가 될래
아니면 꿈같이 부푼 빵이 될래
바삭거리며 금방 부서지는 달콤한 애정보다
뾰족한 부위마다 천천히 녹여내는 효모의
비움

그러다 어느 날,

찰싹 달라붙어 빵이

되는

두 번째 첫눈

늦가을 창틈에서
두 번째 첫눈(雪)을
기다린다
한 번은 신(神)의 것이고
한 번은 내 것이다

절망 끝에 밀려오는
거친 흔적과
믿을 수 없는 눈발이
어느 날 내리 듯,
언제나 한 번은
신의 몫이다

뽀드득 뽀드득
그림자를 밟고 나면
지나온 너를 지울 것 같다

허방질만 날리던 운명의 심장도
그때 거두면 된다

언제나
두 번째 그리움이
내 몫이다

경의선 숲길*

침묵하던 철길이 헐리고
숲길이 생겼다
잿빛 건물사이로 푸름이 내리고
사람들은 푸름을 따라 걷는다
잔디밭도 생기고 도랑도 만들어
꽃도 피고 물도 흐른다
숲길을 걷는 사람들이 갈수록 늘어간다
길이 건강해지니
사람들이 건강해진다

출근길 아침
어디선지 날아온 나비 한 마리
작은 날개 짓으로 꽃에 내렸다
꽃이 피니 나비도 찾아왔다
순간
'내가 꽃이 되면 되겠구나' 생각했다

행복한 사람은 행복을 찾아 걷고

아름다운 사람은 아름다움을 따라 걷는다

*경의선 숲길: 2013년에 착공하여 약 3년에 걸쳐 조성된 마포구 공덕동로터리에서 연남동까지 이르는 약 4㎞길. 예전에는 연탄을 운반하는 화물열차들이 주로 다니던 길이었다.

오늘 쉴란다

나는 오늘 쉴란다
갯벌에 배 깔고
기울어진 배처럼 세상을 거부하며
들꽃에 기대어 한들거려 볼란다

길 끝으로 가는 아이들
자전거는 아직 돌고
나도 저 나이엔 저렇게 바빴다
페달을 밟으면 직진만 했던 나이
오늘은 두 바퀴에 웃음이 돌고 있다

나는 오늘 쉴란다
짠물 빠진 갯벌에 칠게, 농게들의
분주한 들락거림
새끼망둥어의 촐싹댐
동공이 멈추는 곳에서 꿈틀대는 모든 놈들의
살아가는 현장을 훔쳐 볼란다

아이들도 길 끝에서 이제 쉬라고

해야겠다

—대부도 경기도 청소년수련원에서(2015. 06. 04.)

수채화가 마르는 시간

수채화가 마르는 시간
한 잔 커피에 흩어진 생각과
한때 열열이 사랑했던 사람의
지난 웃음도 찍어본다

여백 없이 세워진 빌딩 사이로
스치는 바람마다 마른 풀이 자라고
모두 비눗방울이 되어 떠도는 오늘
무얼 찾아 날아가는지
막힌 도로에서 가속페달을 밟는 사람들

아픈 순간도 기억 저편에선
수줍어 수채화가 될 수 있다며
내 안을 기웃거리던
비 맞은 그림자들

나는

잠시 수채화가 된다

환승역

환승역에는
호선마다 다른 색띠가 있다
호객을 하는 화살표가
빛깔을 닦으며 안내를 한다

색과 공(空)으로 발라진
하루의 숨은 그림 속에
바쁘게 유영하는 수많은 지하의 유령들은
어느 색깔을 찾아
빨려들고 있는지

색을 잃어버린 난감한 두리번거림과
빠르게 직진하는 능숙한 유령들까지
직선과 곡선의 좌표를 따라
속도를 더해 보지만
처음부터
길을 찾는 것이 아니었다

처음에는 색깔을 찾아야 한다
인생의 실수는
먼저 길을 찾으려는 생각에 있다
저마다
자신의 색을 먼저 발견해야 한다

길이 다르면 환승을 해야 한다
방향이 다를수록 색은 바래지고
길은 멀어 진다

변화 없는 변화의 거리에서

–오늘의 韓國詩에 부침

한때, 이 땅에 상륙한 새 모종들이
다양한 색상의 겨울 꽃들을
창백한 필름에 담았습니다

시뻘건 녹물이 강산을 뒤덮고
장송(長松)의 푸른 허리가
베어지던 검은 하늘에도
절망이 뻗어 올린 약속은
하얀 생명체의 파장을
꽃망울로 새겼습니다

한 줄기 여민 빛으로도 온실은
꽃을 피우듯
잔뿌리를 내밀며 토양에 비벼대던
모더니스트의 발자국들은
또 다른 골목을 찾아
뻗어봅니다

변화 없는 변화의 거리에서
이방인이 되기 싫은 몸부림은
고정된 표정으로 인화되어
유서처럼
'후반기'를 남겼습니다

외래종커피향이
토종의 입맛을 바꿀 듯이 번지는 한반도와
세상의 곳곳을 향한 한류의 열풍이
금빛 열기구를 거세게 띄우는 시간에도
'이국적'이란 관념의 직진은
멈추지 않고 있습니다

지구를 관통할 듯 다가온 유비쿼터스* 세상에
모더니즘의 울림은 아직 작기만 한데
'사고(思考)는 전진하는 것'이라고 했던
老시인의 푸른빛들이
가늘게 모여 들고 있습니다

*유비쿼터스: 장소나 시간에 구애받지 않고 자유롭게 접속할 수 있는 네트워크가 가능한 정보통신 환경.

당신이 4월입니다
–김경린 시인 추모시

여린 풀씨 하나도
떨어지면
어린 싹을 키우듯
상실의 시대에도 봄은 오듯
모더니즘의 뿌리를 박기 위해
별밭을 가꾸었던 당신을 기억합니다

시창작시간이면 무수히 잘라버린
꽃잎들로
오늘의 제자들을 키웠습니다

늙지 않은 노인의 모습으로 뿜어대는 열정,
앞선 시세계를 끊임없이 개척했던 선구자로
때론 로맨스 가이처럼
때론 매서운 스승으로
때론 친근한 이웃 아저씨로

다가왔던
당신을 기억합니다

육신은 떠났지만
영혼은 한 그루 나무가 되어
항상 우리 곁에 서 있습니다
나무가 된 당신께
연두잎 초록의 4월을 드립니다

당신이 4월입니다

-2014. 04. 20. 삼청공원에서 추모식

詩를 쓴다면서

식탁에서 시를 쓰려는데
날파리가 노트북 화면에서
지랄 방귀를 떤다
고요하고 엄숙한 새벽이
0.1그램도 안 되는 것에 빼앗겼다
그것도 시를 쓰려는데

착륙을 시도하는 타이밍에
손바닥으로 압사시켰다
정확히 말하자면 착륙을 기다렸다

아른거림이 사라진 새벽 3시
또 신경을 빼앗겨 버렸다
그것도 시를 쓰려는데

혹시 날파리가 나를 위해
새벽기도를 온 걸까

모국어 차이 때문이라면
실수를 저지른 것이다
작은 목숨을 끊어가며 써야 하나

그것도
詩를 쓴다면서

종(鐘)이 되리라

종이 되리라
종이 되리라
때리면 울리는 종이 되리라

가장 높은 곳에서 울려
낮은 곳으로 퍼지는
종이 되리라

경계에 이르러 돌아서지 않고
뚫고 나가 빛이 되는
종이 되리라

스치면 울리는
시인이 되리라

상술에 대하여

서강대 옆 미용실 유리창에
“애인 바뀐 단골손님 모른 척 해 드립니다”
문구가 걸렸다

빨던 사탕이 목에 걸렸다

세대차일까
시대차일까
개인차일까

끊임없이 진화될
상술에 대하여

아포가토(Affogato)

바닐라아이스크림에
뜨거운 에스프레소를 끼얹은 아포가토는
신혼을 훨씬 넘긴 갱년기 맛이다

5월은 푸르게 진을 쳤지만
바닥에 드러난 뿌리의 아우성으로
지금 그녀는 녹고 있다

슬쩍 흉터가 만져질 때마다
그녀의 손이 굳어갔고
그럴수록 에스프레소는 뜨겁게 부어졌다
퇴적된 생업에 혀를 디밀다보면

잔 하나에
뜨겁고 차고 달콤하고
그리고 씁쓸한

호두맛 과자

걷지 않은 빨래가
분노에 찬
비 맞은 집으로 간다

'까톡~ 까톡~' 여전히 친한 척
가상과 현실을 단단히 잇고 싶었겠지만
손끝, 혀끝에서 반짝하는 지점으로
널 보내고 싶다

친한 줄 알았는데
친한 척하기, 그리고 '딴 짓하기'였다면
'맛'이 빠져, '맛'이라고
굳이 쓴다

종점

돌아서 보면 그림자가 되고도
움츠려든다
침묵하던 기억을 쿡 찌르니
따뜻한 게 물컹 만져졌다

토양 없이 나무를 키웠고
나무의 눈(眼)에는 뿌리 없이 변명이 자랐지만
희망은 언제나 기다림을 안고 있다
꽃들이 다 아름다울 수 없어
불면에 빠진 적도 있다

사랑했으면서도 안경에 때가 끼어
익숙해진 도시를 떠나기로 하니
곧,
웃음소리는 푸르게 흩어지고
허전한 것들이 날개를 달고도
주변을 맴돌겠지만

낯선 것은 발굴되고 나면 위선이 자라

나는 걷기로 했다

편한 것이 위험한 것을 알고부터
가까운 것은 더 안보였고
잃어버린 도수를 찾아
울퉁불퉁한 세상에도 안전하다는
다초점렌즈를 끼었다

기울어진 것들은 곧 편해질 거다

윤이 나면 좋겠다

바쁜 출근길에도
그녀는 화장을 한다
화장은 꼭 해야 한다
얼굴이 달리 보인다고

비좁은 지하철에 앉아
때론 서서 눈을 치켜뜨고
영양크림으로 공복을 먼저 채운다

끼니를 거르며 화장 한다면
위장일까
화장일까
출근은 헐레벌떡이다

고달픔도 발라서
윤이 나면 좋겠다

뿔나게 살자

한 점(點)이 되자
선(線)으로 살지 말고
점이 되자

길들여지지 말자
뿔나면 뿔나게 살자

경계에 서자
가장 긴장되는 순간으로
말랑말랑하게 서자

눈 없는 눈을 가지고
보이지 않는 세상을 보자

2부

정선 아줌마

살다보니 여자는 없고 엄마만 남았다는
탄광촌 아줌마

강물 같은 세월 속에
남겨진 건 소매에 밴, 풀 섶 아생화물감
채집판에 박혀 하루하루를 지탱해 준 검은 날개가
날 수 없는 세상에서 푸르게 날개 짓을 했다

한번 쯤 돌아볼 나이에
툭 빠져버린 생,
후련하게 울어보지 못한 지난 뜰에
말라버린 가을이 열렸다

떠나간 얼굴을 떠올리는 건
설익은 사랑을 기다리는 것
광맥에 박힌 꿈들을 하나 둘 빼며
하얗게 웃고 있는
꿈꾸는 나비

달맞이고개

열다섯 고개마다 걸린 그대를
홀로 안고 걸었습니다
행여 기다림이 밤이 될까
앞만 보고 걸었습니다
낮에도 달이 뜨는 숲길을 따라
어제 내린 달빛이 남았습니다
흔들리던 빛들이 남았습니다
돌아보면 다 부질없는 일이라지만
언덕에서 바라보는 해운대백사장은
많은 연인들이 사진을 찍고
때론 갈매기를 쫓으며
여려진 가슴을 흘리고 있습니다
가슴에 담은 것이 사랑이라면
달맞이고개는 사랑입니다

– 2016. 02. 19. 부산 해운대

붕어빵과 노인

오래 전부터 후문 옆에는
낡은 리어카가 놓여 있다
노인은 포장 안에 이발소그림처럼 앉아
시간을 굽고 있다
가끔씩 기계를 뒤집는 손이
생(生)을 돌리는 분침이 된다

학교가 파할 무렵이면
노인만의 어설픈 장이 선다
이때만
노인의 무뎌진 표정도 일어난다
한나절을 미룬 풀 먹인 미소가
붕어빵에 엷게 발라지고
고사리 손에 담긴 동전의 무게가
빵의 온도에 맞춰 교환되는 순간이다

그림자가 소멸된 좁은 공간에서

오늘도 아이들의 순간온도를
식은 봉지에 담아 따뜻하게 내밀어 보지만
예전보다 짙어진 매연들이 엇박자로 내리는
길모퉁이
노인은 가림막을 높이며
잡힐 듯 잡히지 않는 생을 뒤집고 있다

자꾸 낮아지는 바퀴의 공기압이 느껴질 때
노랗게 변해가는 붕어빵을 보면서
노인은 조금씩
내밀지 못한 이별을
준비하고 있다

벚꽃

(꽃말: 순결)

싹둑, 3월을 자르고 올라온
순결
너에게 보내려고 했더니
아직
꽃이 피는 중이라, 대신
발화된 내 불씨를 보내니
벚꽃이라 여기고
가슴에 심어두기 바래

조금씩 흔들리면 돼
조금씩만 웃으면 돼

4월이 피었다
어느 여인에게

시샘, 벚꽃

언제까지 예쁜 척,
버텨볼 거야
조화처럼

한 번 비 내리면
너도
곧 떨어져

내 안에 숨은
너를 보기 위해
봄을 터트려본다

딱딱하게 깨질
봄을

쿨(Cool)

그래라
그렇게 해라

이별이란 이렇게 오는 거다

불나방처럼 태우던
짧은 사랑도
등을 보는 순간 미움이 되는
이것이 오늘의 사랑이고
또 이별이라면
앓은 생손보다 더 깊게
고요를 뚫을 일이다

그래라
그렇게 해라

풀독

긁으면 어수선하게 일어나는 꿈들이
있다
잠시 스쳤을 뿐인데 그녀가
간지럽다
생각할 때마다 알레르기처럼
가슴에 반점이 돋고
긁다가
긁다가 부어오르면
전자파의 울림마다 온몸이 예민하다

스친 눈빛이 투명하게 상처를 냈다
잠시 스쳤을 뿐인데
가렵다

일기

떠날 때는 가슴만 남습니다
웅크린 것만 남습니다
무엇이 사는데 중요했는지
떠날 때는 가슴에 남습니다

인연도 그랬습니다
만남과 헤어짐, 둘은 연인입니다
보고 싶은 것만 봤습니다
작은 목소리라도 사랑한다고 전해야
했습니다
보고 싶다고 한 줄이라도
건네야 했습니다
이별도 준비해야 했는데 두렵기만 했습니다

사랑한 것만
웅크린 건 아니었습니다

짝사랑

내가
그녀에게로 간다

홍시처럼 물컹한 흙길을 밟으며
모질게 달라붙는 나의 애착
하얀 밤이 두려워
홀로 간다
돌아서며 늘 후회했던 길에
빗나간 껍질이 또
간다

꿈도 익어야 새가 되는
서른, 서툰 욕망의
숲으로

지나간 것에

지워지는 게 아니라
그리움은
변하는 것이다

거칠어진 쓸쓸함으로
내 안에 침묵이 깨졌다
무심한 그늘 속에 그대로
네가 있어도
그늘에도 빛은 있다

지나간 것에
쉽게 굴복하는 건
주술에 걸려들었다는 것
가을, 끝물에 와서
빛이 더
불안하다

선유도*

오후 태양이
나뭇잎 사이를 비집고
벤치에 낮게 머무른 순간
도심에 갇힌 젊은 남녀는
얇아진 햇살을 누르며
서둘러 몸을 밀착해본다

느린 발걸음들이 푸르게 모였다 흩어지는
도시 한복판
밀약의 산란처가 생겼다
입술을 포갠 시간이 늘어질수록
석양은 조명을 짧게 낮춰준다
이제는 어색해진 내 안에 비밀도 스치듯
빠르게 걸음을 옮긴다

구름도 가지에 걸리면
섬이 되는

*서울 양화대교 중간에 있는 작은 섬

너

너를 바라보는 건
안개 속을 거니는 것처럼
잡힐 듯 잡히지 않는
물방울보다 더 가려운 것

너를 생각하는 건
텅 빈 머리 안에 스멀거리는 벌레처럼
헛것을 보고 달려들던 나방처럼
허수아비보다 더 하얗게 굳어가는 것

그러나
바라보고 생각하는 것보다
더 힘든 건
포맷을 못하도록 만든 바이러스가
너였다는 것

황혼

이것인가 골랐더니
잘못 골랐다

한 수 무를 수 없는 생

쌉싸름하다

나만 잘못인줄 알았더니
그대도 잘못 골랐다

새벽, 노동으로부터(1)

–일용직 근로자의 하루

툭 부러진 새벽
노동으로 가는 시간은
어둠이 안개처럼 자욱하다
냉기 스민 도로를 동행하는 발걸음들
펴지지 않은 표정으로 어두운 각을 세우지만
기름기 빠진 도시락에는
표현되지 않은 아내의 온기가
이슬처럼 맺혀 간다

이씨, 김씨
이름 없는 이름들이 아픈 허리에 와 닿을 때
클립같이 꽉 집어 줄 크림발린 세상이 올 거라고
바람 찬 깡통들의 빈 약속들
달그락거리며 생을 물어보지만
그들은 언제나 덜 깬 꿈을
길 위에서 꾼다

헤진 신발 밑창 사이로 빠져나가던
희망의 실들이
시든 하루를 지탱해준 집착의 끈은 아니었을까
새들도 동요 없는 허공에는
살아남기 위한 선명한 노동이
또
가고 있다

새벽, 노동으로부터(2)

–어느 노동자의 죽음을 보며

이것은 업(業)이다
별이 뜨지 않는 서울의 밤
조명아래
어제 웃던 사내가
힘들게 버틴 꿈을 토하고
돌연 사라진 거리
술을 토한 사내의 끊어진 필름은
살아온 날을 지워 버리고 싶은 것일까

새벽 거리,
비둘기들 내려와
토한 사내의 꿈을 먹고 있다

한때, 사내도
라스베이거스의 화려한 밤을
실크로드의 달빛을 걷는 낙타를
술병 속에 담아 목을 축였으리라

포커스가 맞춰지지 않는 도로 위에서
관심을 돌릴수록 파고드는
군상들의 마른침에
서서히 몸이 식어갈 쯤
눈망울에 가득 찬 것은
사내의 울퉁불퉁한 공복이었다

현실의 벽에 잡힌 소매가
빠지지 않을 때
벨트처럼 꽉 찬 피로가 몰려올 때
들켜버린 욕망은
때를 벗었다

9월의 길목

늦 장맛비가 잠을 흔드는 9월
잎들도 슬며시 저항을 해 본다
철 이른 바람이 되어 멀리 떠나기도 하고
막막함을 느낄 때
푸르게 그냥 떨어지기도 한다

측량이 안 되는 어린뿌리들은
죽순처럼 교실에 모여
스스로 삐죽한 나무가 되겠다고
단단해지고 있다
둥지를 허물며 흔적을 키워가고 있는
힘
언제쯤 주먹 쥔 손에서
손금을 지울 수 있을까

숲에 들면 모두 풀벌레들인데

*2010년 9월 초부터 지속적으로 문제를 일으키는 아이들은 결국 여러 사건에 연루되어 학교폭력대책위원회를 통하여 강제전학 처분을 받았다.

달걀후라이

깨어 나오기도 전에
집은 강제철거 당하고
벌건 인두질도 당했던
나다

사람들은 힘들다고 한탄하지만
나보다 억울하지 않을게다
부모도 모르고 탕살(燙殺) 당해
붉은 식탐 속으로 빨려들어도
누구 하나 동정하지 않는
나다

힘들고 억울해도 살 수만 있다면
딱 한 번이라도 꼬끼오 하고
푸른 새벽을 깨우고 싶은
나다

지하철 단상

–안전문 사고로 목숨을 잃은 청년

황소 한 마리가 사라졌다
어제까지 걸었던 황소들
날개만 달면 '난디'가 되는
신성한 것들이
오히려 비리다

볼록거울은 가면이 되어
불순한 채로 순수해지므로
가면 안에 희극은 없다

안전선은 불안의 안쪽에 있고
안전문은 위험의 안쪽에 있다는 것을
알면서부터
거울은 우울하지 않다

확성기들이 벽을 쌓는 시간까지
열아홉의 신앙은 무엇이었을까

사고는 언제나 뒤통수를 치며 몸집을 불리는데
잠시 모였다 흩어지는
꼬불꼬불한 혀들
말끔하게 재생시키는
마법의 거울이다

*난디: 파괴와 재창조의 힌두신인 시바가 타고 다니는 ‘신성한 소’

3부

자작나무 숲에서

(꽃말: 당신을 기다립니다)

상처 없는 가슴 없다
상처뿐인 가슴도 없다지만
자작나무 숲에 가면
'그립다'는 것,
상처가 아무는 것임을 안다

유월은 언제나 푸름이 내렸고
내가 선 숲에서 당신을 기다린다
뚝–뚝 푸른빛은 내리다 멈추고
멈추다 내리기를 반복하는 사이
창백한 나무들이 하나씩 내 안을 허물고
하얗게 자랐다
상처 받은 일이나 상처를 준 일이나
모두 힘든 일 이었다

오늘
홀로 걷는 자작나무 사이로

아직 마르지 않은 벽이 있어

너에게 보낸다

우뚝 서면 숲이 되어

흔들릴 때마다 하얀 각질을 벗다

내가 들켜버린 '그립다'는 것,

후회처럼 내가

나무로 섰다

—2016 인제군 원대리 자작나무숲에서

지친 일몰을 기다리다가

–오지 않을 사랑을 기다리며(미얀마 편지 2)

기다리면 더디 오는 너 때문에
한참을 호수 위에 누워있다
우베인 다리 아래
오후 늦물살이 삐죽대는데
바람은 아직
남은 너를 기다린다
석양이 고요에 붉게 빠질 때면
그녀가 튀어 올라
한 움큼씩 퍼내도 고이는 너를
칸칸이 가슴에 세우며 걷다보면
홀로 따라오는 그림자가
'너'였다가
'너'일거라고
'너'였으면 좋겠다고

까맣게 홀려
버린다

*우베인 다리(Ubein Bridge): 미얀마인의 영혼이 깃든 다리, 미얀마 제2의 도시 만달레이 근교 아마라뿌라의 타웅타만(Taungthamam) 호수를 가로지르는 1086개의 티크로 교각을 세운 250년이 넘은 세계에서 가장 오래 되고 긴(1.2㎞) 나무다리. 물속에서 수 백 년이 지나도 썩지 않고 더 단단해지는 미얀마 티크목 때문에 영국은 침략하여 식민지로 만들었고, 예전에 영국 함대의 배는 미얀마 티크로 만들었다고 한다.

미얀마의 보돕야 왕이 수도를 이전하면서 잉와 궁전에서 사용했던 티크 목재들을 해체해 아마라푸라 왕궁 건설에 사용하였는데, 당시 시장인 우베인은 승려들의 탁발을 위해 남은 목재를 모아 다리를 만들었다고 한다. 1962년 군사정권이 들어서면서 군부독재기간 두 번의 민중혁명(1988년8월8일 있었던 '8888운동'과 2007년 '샤프란혁명')을 거치며 만달레이에서도 수많은 청년들이 목숨을 잃었다. 이후 우베인 다리에는 혼자 걷는 여인이 많았다고 한다. 혼자 걸었을 여인들을 생각하며 이 시를 쓴다 (2017.08.11.)

진도 다시래기*

–산 자를 위한 굿(14.01.22)

다음 생을 위해서
즐겁게 보내 주거라

슬픈 자를 위한 것이 아니다
다시래기는
슬퍼하는 자를 위한 것이다

새로운 출발을 위해
새롭게 맞이하는 영혼을 위해
사물놀이에 맞춰
장구와 만가(輓歌)의 가락이 오르면
붉던 상주들의 가슴에
슬픈 웃음이 번진다

죽음이란 두렵기는 하나
설레는 출발의 과정일 수 있다고
너무 슬퍼하지 말라고

산 자(者)들을 위해

밤을 놓아

가락을 나눈다

*다시래기: 진도지방에서 내려오는 장례문화로서 '다시 생성한다'는 의미를 가지고 있으며, 다시 생성되어 새로운 생을 맞이하도록 즐겁게 보내는 의식이나 실상은 출상 전날 밤에 비통해하는 상주들과 상제들을 위로하는 일종의 가무극이다. 현재 세계문화유산에 등재를 추진 중이다.

진도 씻김굿

망자의 혼을 씻어주면 저승길을 나비같이
날 수 있으리라

겨울들녘 밤불처럼 싸늘한 굿가락과 춤사위가
피곤을 누르고 날아오르면
혼을 불러 맺힌 한(恨)을 하나씩 풀어내는
'고풀이'를 하고
영혼을 말아 깨끗이 씻기고 '이슬털기'로
이승과 단절을 한다

무녀는 길베를 닦으며 홀로 가는 길에
슬픔이 슬프지 않도록
노래와 가락을 어깨에 얹어
떠나는 혼백이 고운 세상에 닿도록
'씻김'으로 맑은 이별을 청한다

누구나 한 번씩은 건너야 하는
강이다

신과 인간의 아름다운 언어가
지전(紙錢)처럼 날릴 때
굿판은 파란 날(刀)을 접는다

*길베: 이승과 저승을 이어주는 길을 상징하는 긴 무명 또는 베

여행스케치

–베트남 호치민 데탐거리에서

금발여성이 차양 있는 레스토랑에서
사이공맥주병을 만지작거리며
습기를 빨고 있다
그녀가 보내는 촉촉한 눈빛에는
거리의 사내를 재촉하는 것처럼 보이다가
묻은 과거를 진지하게 발굴해 보려는 듯
메모장에 편지를 쓰다가
선크림을 통과한 자외선만큼
지수 낮은 감정을 드러낸다

R에게
절박한 침묵이 떠나야할 때를 기다리듯
절박한 그리움이
때로는 세상의 흐름을 좇는 빛이 된다는 것을
금발은 지금
낯선 거리에서 그것을 찾고 있을지도 몰라

점자(點字) 같은 길에서
숨 막히게 뜨겁던 첫 키스의 추억마저
짧게, 그리고 길게 넘기는 맥주의 거품처럼
자멸하는 행복일지라도
그녀는 북적이는 거리에 홀로 앉아
내가 찾고 있는 그 설렘을
찾고 있는 지도 몰라

*베트남의 여행자거리로 여행사 중 가장 유명한 신투어(신카페)가 있으며 연일 여행객이 몰리는 거리

아우랑가바드역(驛)*에서

밤 열차는 그냥 토해버렸다
새벽 4시,
역 안은 발 디딜 틈 없는 노숙자의 침실이다
별마다 반짝이는 눈동자가 두 개씩 걸려
토해낸 나를 따라온다

광장에 서면 노숙인의 눈꼬리가 무선으로
착착 몸에 감기고
여기저기 '헬로우'를 외치며 친근하게 달려드는
입과 눈들
새벽 4시의 친근함은 공포다

수많은 신(神)들은 무슨 낯짝으로
사는지
반짝인다고 모두 고마운 건 아닌데

*아우랑가바드역: 인도 데칸고원에 있는 아잔타석굴과 엘로라석굴(Ellora Caves)을 가기 위해 머무는 도시

소백산 능선에서

바람이 불면
몸을 낮춰야 한다
연화봉 정상, 키 작은 철쭉들
길섶 따라 세상 이치를 배운다

그래 오를수록 낮추는 거야
낮추며 바람을 피하는 거야

능선 따라 오르며
낮아지는
나를 본다

세렝게티

초원에서 정의는 이빨이다
탄자니아 세렝게티는
수많은 동물들의 낙원이고 무덤이다
하지만 이곳의 주인은 초록이다
쏟아지는 햇살도 빛나는 별빛도
스치는 바람 구름까지도 모두 초록을 부풀리면
초록은 야생을 불러들인다
야성의 눈빛들이 무리 지어 걷는 길에서
수천 년 이어온 내 퍼즐을 만났다

한낮의 대평원은 태양이 베푸는 휴전,
거친 놈들은 이빨을 숨기고
어둠이 내리길 기다리며 애써 위장을 한다
내 어린 기억 속에도 그런 놈이 있다
좁은 골목을 골라가며 덫을 놓았던
그때도 정의는 주먹이었다
산 자만이 걸을 수 있고 견뎌낸 자만이 먹을 수 있는

평화와 고행은 바람개비가 되어 여전히 돌고 있다

바람을 따라 걷는지
구름을 따라 가는지
끝없이 이어지는 행렬에
내 그림자가 따라 가고 있다

*세렝게티(Serengeti): 아프리카 탄자니아 킬리만자로산(5,895m)의 서쪽에 위치한 사바나지대의 중심에 있는 탄자니아 최대의 국립공원이다. 마사이족의 언어로 '끝없는 평원'이라는 뜻을 가지고 있으며, 사자, 표범, 코뿔소, 코끼리, 버팔로 그 외에 기린, 얼룩말, 검은꼬리누, 각종 가젤, 독수리 등 약 300만 마리의 대형 포유류가 살고 있다.

겨울 포구

고등어가 떠난 빈 바다
햇살은 등푸른 물살에 입을 다물고
포식을 기다리던 갈매기도
날개를 저으며 빈 소리만 냈다

때로 노을은 불편한 타협을 하는지
오래 전 바다로 나간 아들은 돌아오지 않고
거북등처럼 딱딱해진 목선(木船)에는
구석구석 사나운 발톱이 찍혀있었다
뭍으로 바람이 불때마다
믿었던 노안(老眼)에
칠 바른 요트만 가득 실려 왔다

노을이 질 때까지 무리들은 돌아오지 않고
지중해 멀리서 회귀하는 한 마리 고등어를 보았다는
사람이 있었지만
큰 기억은 눈물이 아니라고

갯벌에 부활을 묻겠다고

노인은 산으로 갔다

안데스 편지(2)

–볼리비아 우유니(uyuni)사막에서

한 권의 시집을 넘기듯
지난겨울을 넘긴다
낮게 깔린 구름 밑으로
과거는 푸른 그림자에 머물고
잠시 너에게 길을 잃는다
넘기는 페이지마다 끝없이 달리던 하얀 외길
우유니사막에 알몸을 맡긴다

만남이란 설렘보다 때로 민낯을 먼저 보는 일
건조해진 피부에 묻은 먼지를
털어버리는 일처럼 오기도 하고
뜨거운 사막 한가운데 선인장에 찔린 가슴이
장미처럼 피를 흘리기도 하지만
지친 저녁이 오면 별이 되었던 시간 속에
구름은 내일을 향해가는 순례자가 되고
나는 바람이 되어
가장 거친 숨이

끝없이

너에게 닿았던 여정

타워에 올랐다

높은 곳은 늘 흔들린다
초고속엘리베이터로 1분 만에 오른
500m 초고층빌딩
높다는 빌딩들도 발아래 있는데
전립선이 움찔하며 갑자기
진동이 느껴진다

지진과 바람에 견딜 수 있도록
설계한다는 초고층빌딩은
그 중에서 바람에 견딜 능력이
더 필요하다고 했지만
3일 전엔 동창이
십년 전 잘나가던 연예인제자가
극한선택을 했다

성공했다는 건 외로움을 높이 쌓는
일이었다

바람을 잘 견딘 유서만
천천히 아주 느리게
지진을 견뎌내고 있다

*故 정두언 의원(19.07.16.)과 탤런트 故 박용하 제자(10.06.30.)의 명복을 빈다(19.07.19.)

일몰, 와온(臥溫)에서

촘촘히 꿰매 온 시간들
가볍게 생을 내리려
물 위로
얽힌 주름을 하나씩 풀고 있다

떨리던 삶의 순간
윤슬의 몸부림이 뻘 끝에서 몸을 식히면
생은 어디서 날아와 어디로
가는지
바라볼수록 빠져드는
적막

살며 게딱지가 되어버린 가슴에도
물컹한 사랑은 하나 쯤
남은 것일까

신음하던 해거름 솔섬 뒤로 기울수록

젖은 물비늘이 더 붉게 물드는

와온해변*

*와온해변(臥溫海邊): 전남 순천시 해룡면에 위치한 일몰이 아름다운 해변

등대(1)

불을 밝혀주는 일이란
늘
외로운 거다
외롭다는 건 내 안에
또 다른 불씨를 만들어
등대가 되는 일이다

밤이 깊을수록 더 멀리까지
손을 뻗어보는 것은
빈손이라도
와 달라는 신호다

얼마나
간절한지
먼 곳까지 보내려고 애쓰며
깜빡이는 눈을 보면 안다
안개 낀 날

희미하게 잠시 스치고 가는 일도
고마운 일이다

등대가 되면
외로움도 홀로 이겨내야 한다는 것을
안다

아드리아해

여행은 사랑하는 길을 알려주고
사랑은 여행하는 법을 가르쳐준다
아드리아海의 마지막 태양도
주홍 필터를 낀다

코발트카펫의 가장자리를 따라
예정된 표정을 느리게 돌리다보면
주홍빛 선율이 해안을 따라 집결하는
두브로브니크
꾸불꾸불한 길에서 느리고 빠르게
왔던 내 길도
잠시 멈추고
사랑으로 곤경에 빠져들기를
그래서
가슴에 작은 멍울 하나 남기를

등대(2)
–청년실업

볼 수 있는 것과 없는 것의
경계에 서는 것은
등대가 되는 일
홀로 빛을 보내는 건 외롭다는 신호다
폭풍우가 지나 맑은 태양이 올 때까지
어둠 안에 빛은
고독을 견딘 소리다

깊게 어둠에 패일수록
빛은 똑바로 선다
깜박깜박
어둠이 묻고 있는 빛이
내일이라면

외롭게
견뎌야 한다

지구온난화

인간과 인간이 아닌 것으로
나눠진 디지털 세상

총알 같이 문명은
아프리카 땅까지 상륙하면서
가볍고 편리한 것들이
반란을 일으켰지만
배후가 의심스럽다

발아(發芽)

언 땅을 스스로 녹인
싹,
기억이 찾아낸
본능일까

아래로 뻗은 핏줄들 체온을 끌어당기며
고요를 거칠게 이기고 있다
이젠 두툼한 햇살을 몸으로
안을 차례다
그리고 바람과 비를 만나
잎을 키우면
더운 날 그늘이 돼 줄 수 있다

햇살로 깎여진 야윈 내 별이
어둠으로 가는 길을 알고 있기에
바람을 키우며
견디어 볼 테다

4부

사모곡

당신은 산이었고
때론 바다였습니다
모진 아픔도 여린 몸으로 막아주시던
작은 고목이었고
좁은 가슴으로 꿈을 달아주시던
깊은 인내의 바다였습니다

오만하고 거칠던 바람도
당신 앞에서는 민들레 꽃씨처럼
빈 웃음에도 흔들렸습니다

당신의 사랑이 참사랑이라는 것을
알았을 때
홀연히 당신이
꽃씨가 되었습니다

유전(遺傳)

#1

라디오를 틀었다
“오늘의 뉴우스입니다~”
밥상머리 귀들이 동시에 주파수를 잡는다
동네에 전봇대가 세워지고 난 후
유일한 가전제품이다
온 식구가 아버지께 존경의
눈치를 보낸다
라디오 한 대는 행복이었다

#2

라디오에서 노래가 흘러나왔다
“월남에서 돌아온 새까만 김상사~”
얼마 후
옆집 군인아저씨가 월남에서 돌아왔다
가시처럼 공중파안테나가 걸리더니
화면에 사람이 등장했다

아버지의 자존심를 찌르는 일이었다
옆집 아이랑 친해야 하는 일이 급했다
라디오는 더 이상 행복이 아니었다

#3
가끔 드시던 술에 그날은 취하셨다
이제 옆집 아이랑 친할 필요가 없어졌다
술기운에 TV가 집으로 따라왔다
당당하게 가보1호로 등극했고
다행히 아버지의 자존심은 회복되었다
온 가족이 저녁이면 행복했다
TV가 행복이었다

#4
옆집 TV가 바뀌던 날
밥상에는 침묵만 흘렀다
칼라TV 등장은

아버지를 회복하기 어렵게 했다
TV가 더 이상 행복은 아니었다

#5
어느덧 아버지가 되어
울컥했던 아버지를 생각했다
전시장에 모델이 출시될 때면
아이들의 솜사탕 같은 욕망 때문에
내 자존심도
유전되건 아닐까

가을의 뿌리

태양이 예고 없이 각도를 낮춘 여름 뒤로
붉고 노란 발걸음들이 차오르면
옷장을 열고 부푼 옷에 눈길을 흘리는 것은
곧 저기압이 밀려 올 거라는
차가운 습성이 내게 있기에

나는
나의 겨울을 봅니다

환절기가 되면 좁혀드는 혈관들이
수액을 줄이며 흐름을 바꿀 때면
무성한 여름을 키워낸 뿌리 속에는
갈무리 된 아버지의 가을이 담겨있습니다

씨를 뿌리고 꽃을 피웠던 그 발끝에
열매를 거두고 하얀 서리가 내리면

가을의 뿌리는
깊은 겨울을 찾아
떠나갑니다

아직 그대로 있다

칠십년 타향살이에
한시도 잊은 적 없고 떠나보낸 적 없는
고향 산하

세월은 늙어도 어린 가슴은
아직 그대로 있다
떠날 때 두고 온 천진한 얼굴들
아직 그대로 있다
백발이 되고도 바람만 넘나드는 알일령(戞日嶺, 677m)고개
아직 그대로 있다

살아생전 걷고 싶은 어린 맨발이
철조망을 넘어
밤마다
북으로 자꾸 가고 있다

-2017.05.27. 평남 덕천군민회 축시, 북악정

아버지의 詩

아버지는 놀이터에서
그림자를 그린다
잊혀져가는 것이 가장 두려운 거란다
사선(死線)을 뚫던 포화 속 용기도
이젠 빗살무늬로 남았다

한 소녀가 "詩는 왜 다 슬퍼요?"라고 물었던
기억이 있다
"詩는 그림자를 그리기 때문이야"라고
답했다
화가의 마지막 붓끝도 그림자를 그린다
그림자가 있어 입체가 된다

그리움이 없는 인생이란 미완성이다
세상은 빛으로만 그릴 수 없듯이
어둠이 있어 빛이 사는 거다

아버지는 이제 그림자를 그린다

타향살이

작은 글자가 눈에서 멀어지고
가까운 가족이 곁을 떠날 때
나는 병상에 잠든 아버지를
바라본다

은빛 머리카락만큼
기억은 점점 희미해져도
힘없이 고인 눈물 방울방울마다
어린 시절 떠난 고향이
곱게 살아있다

치매보다 강한 것은
푸른 고향이었다

한 프레임씩 빠져버린
야윈 고향의 산하들이
오늘도 죽을 넘기는 이유다

우주를 향해 떠나는 날
가벼운 영혼 속에 함께 싣고 갈 것은
고향,
고향인가보다

간병

아버지–
사람은 동물입니다
아버지도…

“알았다
운동할게”

회향(懷鄕)

바람이 되어버린 아버지는
이제 외로움을 깔고 누웠다
푸름이 빠진 낙엽처럼
가볍게 떨어져 있다
병실 문이 열릴 때마다
핏줄인가
피를 뽑는 줄인가
따지고 있다

현실이 박탈되면 과거만 살아나듯
눈동자에는 하나둘 고향 봄꽃만 핀다
수액이 관을 타고 흐를 때마다
연료가 주입된다고 알고 계신지
우주로 떠나는 꿈을 꾸신다
바람은 아직 불지 않았는데
바람이 되어 버린 아버지

막다른 길에서

–아버지의 임종을 지키며(2018.03.27.)

아픔보다 웃자란 기억 때문에
가려다 또 돌아보는
꽃샘추위여

보이는 길과
보이지 않는 길의 경계, 막다른 길에서
생(生)은
늘 움츠린다

세상에 왔다가 돌아가는 길
주사마다 이미 식은 자국으로
가슴이 시리다

촘촘하게 찌르던 외롭고 힘든 시간들은
문신으로 푸르게 남아
반쯤 찬 눈물도 거둬가셨다

가려다 또 돌아보는

꽃샘추위여

아버지의 강

스치듯 지나며 보는 석양과
마지막 생을 붙들고 바라보는 석양은
분명 다르다

투망을 던지던 아버지의 저녁은
온산이 붉게 물든 후에야
숨겨둔 어둠을 건져냈다

살아온 날을 돌아보라고
헛되이 살지 말라고
이 순간이 가장 중요하다고
빨간 밑줄을
자꾸 허공에다 강물에다 던지며
붙들던 아버지는
철새처럼
강을 떠나 가셨다

동지 햇살

겨울 햇살을 쫓다가
초가지붕 아래 멈췄다
그물 쓴 노파의 주름이 햇살을 조금씩 바르고 있다
비상해도 될 만큼 가벼워진 몸을
더 바짝 말리고 있다

'할머니 뭐 하세요'
눈꼬리만 잠시 흔들리고
한참 후 바람이 스치듯

'갈 길 가-'

번민과 갈등이 내려앉은 경지
스스로 노파는 망각을 시작했다
멈춰야할 내 길도
비로소 보였다

아버지는 시가 된다

너무 깊은 사랑과
아픈 연민으론
시를 쓸 수 없다

내 어머니가 그렇다

그래서
아버지는 시가 된다

詩評

다초점렌즈의 시학

민용태(시인, 고려대 명예교수, 스페인 왕립한림원 위원)

박일중 시인은 「종점」에서 "잃어버린 도수를 찾아/울퉁불퉁한 세상에도 안전하다는/다초점렌즈를 끼었다"고 술회한다. 모험과 도전에 길이 있다고 믿고 살았다. 박 시인은 이제 세상에 맞춰 편해지는 길을 생각한다. '편해지는 것'은 나쁘게 보면 "위선"이겠지만, 좋게 보면 현실을 좀 더 넓고 깊게 이해하는 안목을 갖춘다고 할 수도 있다. 다시 보면 박일중 시인은 〈탈후반기〉 시동인의 스승인 김경린(金璟麟) 시인의 기발한 이미지 시학을 이어받은 중견 시인으로서 다초점렌즈 시학은 한국시의 상상의 기반을 더욱 풍성하게 한다는 의미가 있다.

박 시인의 시어나 이미지는 스승의 포스트모더니즘처럼 낯설음이 뛰어나다. 그 낯설음은 물론 대단히 자유로운 다의미의 상징성을 유발한다. 시인이 스승 김경린 시인의 100주년 기념식에서 낭독한 「당신이 4월입니다」가 그 대표적인 경우이다.

우선 한 시인에게 '4월'이라는 계절의 움직임에 대한 정의를 내린 것부터 낯설다. 다초점의 여러 가지 이미지가 떠오른다. 예를 들면, 스승이 '4월'이면 4월마다 마음속으로 오시는 분이니까. 4월이면 싹트고 꽃피는 산천초목 모두가 '당신'이니까. 그냥 쉽게 당신은 '연두색 초록의 4월'이라고 한다면 항상 푸르고 꽃피우는 분이 된다. 스승 김경린의 에스프리에 대한 상징적 정의다. 그러나 그것이 형용사 없이 "당신은 4월입니다"라고 하면 해마다 돌아오는 영원성이 된다.

여린 풀씨 하나도
떨어지면
어린 싹을 키우듯
상실의 시대에도 봄은 오듯
모더니즘의 뿌리를 박기 위해
별밭을 가꾸었던 당신을 기억합니다

시창작시간이면 무수히 잘라버린
꽃잎들로
오늘의 제자들을 키웠습니다

늙지 않은 노인의 모습으로 뿜어대는 열정,
앞선 시세계를 끊임없이 개척했던 선구자로
때론 로맨스 가이처럼
때론 매서운 스승으로

때론 친근한 이웃 아저씨로
다가왔던
당신을 기억합니다

육신은 떠났지만
영혼은 한 그루 나무가 되어
항상 우리 곁에 서 있습니다
나무가 된 당신께
연두잎 초록의 4월을 드립니다

당신이 4월입니다

—「당신이 4월입니다」 전문

이렇게 상세하게 자상한 스승에 대한 추억은 "당신은 4월"이라는 다초점 이미지로 시적 긴장감을 유지하며 승화한다. 즉 사실적이고 시대적인 시간성과 시간의 영원한 회귀를 뜻하는 '4월'의 이미지로 시의 품격이 격상된다. 이렇듯 〈탈후반기〉 회장을 맡았던 박일중 시인은 스승의 모더니즘을 이어받은 제자로서의 예를 갖추고 '매서운 스승'에게서 배운 다의미(多意味) 시학을 시작법의 실체로 보여주고 있다.

오늘의 현실은 선생과 제자의 교류의 본고장인 학교에서까지 스승에 대한 존경과 사랑이 희석되고 있다. 말 뿐인 '사은회',혹은 '스승의 은혜는 하늘같아서'도 옛말이 되고 있다. 이것은 이미 문단이나 문학에서는 상습화 된지 오래다. 첫째는 낭만주의 풍조인 독창성 위주의 창작에 대한 생각들 때문에 누구누구의 제자라는 말을 피한다. 둘째는 문단이나 문학 조직이 정치화 돼서 글을 통한 선후배 간의 유대가 너무 구식이 되어버렸다. 이런 분위기에서 이계설 시인이나 박일중 시인 등이 이끄는 〈탈후반기〉(1990년 박인환과 '후반기'시동인을 주도한 김경린 시인의 권유로 제자들과 함께 설립) 시동인의 경우는 아름다운 예외다.

1. 오르면 낮아지는 것들

내가 아는 박일중 시인은 도전가이고 모험가이다. 배낭여행으로 남아메리카 대륙을 횡단하고 안데스 산맥을 누비고 다녔다. 아프리카 빅토리아 폭포에서 번지 점프를 하고 세계에서 가장 험한 급경사의 계곡에서 레프팅을 하면서 물방울을 차고 나가는 용감한 올드 보이! 이 '올드 보이'라는 말이 박일중 시인에게 가장 걸맞은 것은 그가 학교에서 정년퇴임할 나이에 가까우면서도 청소년 같은 미소와 젊음이 몸을 아우르고 있기 때문이다. 그래서 요즘 유행하는 노래처럼 나이는 "늙어가는 것이 아니라 여물어가는 것"이라는 표현이 누구보다도 박 시인에게 맞다.

생각이 여물어가는 것은 산은 오를수록 마음이 낮아지고 겸손해지기 때문이리라. 그의 「소백산 능선에서」라는 시를 보자.

바람이 불면
몸을 낮춰야 한다
연화봉 정상, 키 작은 철쭉들
길섶 따라 세상 이치를 배운다

그래 오를수록 낮추는 거야
낮추며 바람을 피하는 거야

능선 따라 오르며
낮아지는
나를 본다

—「소백산 능선에서」 전문

박 시인은 자신의 은퇴를 앞둔 심경을 적은 「종점」이라는 시에서 "기울어진 것들은 곧 편해질 거다"라고 술회한다. 올라가면 내려와야 하고 또 자세를 낮추면서 올라가게 되어 있는 게 역경의 원리이다. 요즘처럼 경제가 혼란하고 정치가 바람이 많

을수록 현자는 “낮추며 바람을 피하는 거야” 하고 스스로에게 타이른다.

앞만 보고 “직진”으로 달려온 인생이 이제 쉴 때가 가까워온다. 자의반타의반 은퇴라는 것도 있다. 때로는 쉰다는 것이 축복 같기도 하다. 지금까지 가르쳐온 아이들에게 말한다. “오늘 쉴란다”라고.

나는 오늘 쉴란다
갯벌에 배 깔고
기울어진 배처럼 세상을 거부하며
들꽃에 기대어 한들거려 볼란다

길 끝으로 가는 아이들
자전거는 아직 돌고
나도 저 나이엔 저렇게 바빴다
페달을 밟으면 직진만 했던 나이
오늘은 두 바퀴에 웃음이 돌고 있다

나는 오늘 쉴란다
짠물 빠진 갯벌에 칠게, 농게들의
분주한 들락거림
새끼망둥어의 촐싹댐
동공이 멈추는 곳에서 꿈틀대는 모든 놈들의

살아가는 현장을 훔쳐 볼란다

이제 아이들도 길 끝에서 쉬라고
해야겠다

─「오늘 쉴란다」 전문

참 아름다운 결심이다. 결심이라기보다 이제는 쉴 나이라니까, "갯벌에 배 깔고/기울어진 배처럼 세상을 거부하며/들꽃에 기대어 한들거려 볼란다"는 아름다운 저항을 말한다. 아직 운동장에서 뛰놀고 있는 아이들을 보며 미소 짓는다.

"자전거는 아직 돌고/나도 저 나이엔 저렇게 바빴다/페달을 밟으면 직진만 했던 나이/오늘은 두 바퀴에 웃음이 돌고 있다" 이 "두 바퀴"의 나이에 걸맞은 득도의 미소가 시인답게 좋다.

그러나 쉰다는 것이 한가로운 것만은 아니다. 그동안 바빠서 눈여겨보지 못했던 진짜 착하고 예쁜 것들을 보아야 하니까. "짠물 빠진 갯벌에 칠게, 농게들의/분주한 들락거림/새끼망둥어의 촐싹댐/동공이 멈추는 곳에서 꿈틀대는 모든 놈들의/살아가는 현장을 훔쳐 볼란다"

시인의 가장 큰 미덕은 진솔함이다. 박일중 시인의 인품도 그 작은 미소도 어디 하나 거짓이 없다. 내가 순천인가 여수인가 시골을 내려간다니까. 꼭 거기 막걸리 맛 좋은 민속촌을 들려야 고향에 간 것이라고 귀띔한다. 실제로 보고 만지고 맛보고 사랑해야 진짜다. 그래서 그 "살아가는 현장을 훔쳐 볼란다"라고 말한다. 다음 시들은 모두 삶의 밑바닥의 묘사들이다.

깨어 나오기도 전에
집은 강제철거 당하고
벌건 인두질도 당했던
나다

사람들은 힘들다고 한탄하지만
나보다 억울하지 않을게다
부모도 모르고 탕살(燙殺) 당해
붉은 식탐 속으로 빨려들어도
누구 하나 동정하지 않는
나다

힘들고 억울해도 살 수만 있다면
딱 한 번이라도 꼬끼오 하고
푸른 새벽을 깨우고 싶은
나다

─「달걀후라이」 전문

철거민들의 안타까운 삶의 체취가 묻어있다. 고단한 생활의 어려움이 어찌 "인두질"에 비하랴! 모두 다 사람들의 더 벌고 더 갖겠다는 식욕 탐욕 때문에 저질러진 횡포들이다.

정말 "억울해도" 누구 하나 동정하지 않아도 "살기 위해 몸부림 쳐온 일생", 하지만 "딱 한 번이라도 꼬끼오 하고/푸른 새벽을 깨우고 싶은/나다"

"달걀후라이"의 모습에서 태어나기 전부터 으깨어진 삶의 터전. "강제철거 당한" 서민의 고생과 아픔을 읽는다. 그리고 그 수탉의 꿈같은 희망과 투쟁을 그린다.

달걀후라이와 으깨어진 서민의 삶의 병치가 이토록 적절하게 감동을 빚을 줄이야…….

다음은 직접 "일용직 근로자의 하루"를 묘사한다.

톡 부러진 새벽
노동으로 가는 시간은
어둠이 안개처럼 자욱하다
냉기 스민 도로를 동행하는 발걸음들
펴지지 않은 표정으로 어두운 각을 세우지만
기름기 빠진 도시락에는
표현되지 않은 아내의 온기가
이슬처럼 맺혀 간다

이씨, 김씨

이름 없는 이름들이 아픈 허리에 와 닿을 때
클립같이 꽉 집어 줄 크림발린 세상이 올 거라고
바람 찬 깡통들의 빈 약속들
달그락거리며 생을 물어보지만
그들은 언제나 덜 깬 꿈을
길 위에서 꾼다

헤진 신발 밑창 사이로 빠져나가던
희망의 실들이
시든 하루를 지탱해준 집착의 끈은 아니었을까
새들도 동요 없는 허공에는
살아남기 위한 선명한 노동이
또
가고 있다

—「새벽, 노동으로부터(1)」 전문

박일중 시인의 노동시에는 고발이나 절규가 없다. 그보다 깊은 정과 높은 승화의 날개 짓이 보인다. 일용직 노동자의 "기름기 빠진 도시락에는/표현되지 않은 아내의 온기가 /이슬처럼 맺혀 간다"고 말한다. 눈물보다 아름다운 이 "이슬처럼 맺혀"있는 정성의 이미지는 절규다!

어디 그뿐인가. 박 시인이 그리는 그 상세하고 자상한 묘사는

마지막 시구에서 더욱 빛난다. “헤진 신발 밑창 사이로 빠져나가던 /희망의 실들이/시든 하루를 지탱해준 집착의 끈은 아니었을까” 여기에는 도저히 함께 할 수 없는, “헤진 신발 밑창 사이로 빠져나가던” 실, “희망의 실”, “집착의 끈”이라는 이미지들이 서로 화해하고 합주하며, 고생스러운 노동현실을 실감 있게 반추한다.

박 시인의 눈은 우리나라의 현실에만 머물지 않는다. 노동과 노숙자의 현실과 비극은 어느 나라 어느 민족에 국한된 일이 아니다. 다음 시를 보자.

밤 열차는 그냥 토해버렸다
새벽 4시,
역 안은 발 디딜 틈 없는 노숙자의 침실이다
별마다 반짝이는 눈동자가 두 개씩 걸려
토해낸 나를 따라온다

광장에 서면 노숙인의 눈꼬리가 무선으로
착착 몸에 감기고
여기저기 ‘헬로우’를 외치며 친근하게 달려드는
입과 눈들
새벽 4시의 친근함은 공포다

수많은 신(神)들은 무슨 낯짝으로
사는지
반짝인다고 모두 고마운 건 아닌데

–「아우랑가바드역(驛)에서」 전문

그렇다. 신이 세상을 창조했다면 선한 사람들은 그렇다하더라도 이 많은 악인이나 지옥 같은 현실은 왜 만들었습니까? 우리를 더욱 참회하게 하고 더 좋은 길로 인도하기 위해서 라구요? 말이야 좋지요. 이것이 외국 노숙인들의 비참한 구걸행위를 보고 느낀 박일중 시인의 아픔이다. 왜냐하면, "광장에 서면 노숙인의 눈꼬리가 무선으로/착착 몸에 감기고/여기저기 '헬로우'를 외치며 친근하게 달려드는/입과 눈들", 그것들은 모두 공포고 역겨움이기 때문이다.

그래도 새벽하늘에는 별들이 반짝인다. 그 밤하늘 어딘가에는 신이 있을 것. 박 시인은 말한다. 수많은 신(神)들은 무슨 낯짝으로/사는지/반짝인다고 모두 고마운 건 아닌데…….

이렇게 낮은 불평과 하소연, 혹은 그냥 아이러니…목소리가 너무 낮아서 뼈까지 아파오는 인간 실존의 고통, 삶의 가장 낮은 곳에는 뿌리와 고향이 있다.

박 시인은 「타향살이」에서 노인들의 눈동자에서 일제강점기 말에 남한으로 오셔서 이산가족으로 칠십년 이상을 견딘 한(恨) 맺힌 시인 아버지를 그린다.

은빛 머리카락만큼
기억은 점점 희미해져도
힘없이 고인 눈물 방울방울마다
어린 시절 떠난 고향이
곱게 살아있다

치매보다 강한 것은
푸른 고향인가보다
한 프레임씩 빠져버린
야윈 고향산하들이
오늘도 곡기를 넘기는 이유다

–「타향살이」 중에서

2. 가을의 뿌리에는 아버지와 겨울이 보인다

나이가 들면서 박 시인의 머리에는 자꾸 아버지 흰 머리가 얹혀있다. 머리가 빠지고 은색인 것만 아니다. 인생의 뿌리에는 '외로움'과 '바람'이라는 어두운 느낌이 있다.

더러 고향길이 보이고 길가에 그림자가 나부끼는 것이 보인다.

「회향(懷鄕)」를 보자.

바람이 되어버린 아버지는
이제 외로움을 깔고 누웠다
푸름이 빠진 낙엽처럼
가볍게 떨어져 있다
병실 문이 열릴 때마다
핏줄인가
피를 뽑는 줄인가
따지고 있다

현실이 박탈되면 과거만 살아나듯
눈동자에는 하나둘 고향 봄꽃만 핀다
수액이 관을 타고 흐를 때마다
연료가 주입된다고 알고 계신지

우주로 떠나는 꿈을 꾸신다
바람은 아직 불지 않았는데
바람이 되어 버린 아버지

—「회향(懷鄕)」 전문

"푸름이 빠진 낙엽처럼/가볍게 떨어져 있다"는 아버지의 모습에 시인은 언젠가 다가올 자신을 모습을 읽는다. 병실 문을 여는 것은 피붙이이거나 피를 뽑으러 오는 간호사 뿐.

이 시의 명구는 "현실이 박탈되면 과거만 살아나듯/눈동자에는 하나둘 고향 봄꽃만 핀다"는 구절. 노병 속에서 현실은 아픔과 외로움 밖에 없다. 살아있다는 현실감을 박탈당한 삶…… 거기에는 두고 온 고향 봄꽃이 핀단다.

아버지에게서 박 시인은 "가을의 뿌리, 겨울"을 읽는다.

그것은 "나의 겨울"이기도 하다. 잘못 읽으면 "나의 거울"이 바로 아버지의 얼굴이다.

나는
나의 겨울을 봅니다

환절기가 되면 좁혀드는 혈관들이
수액을 줄이며 흐름을 바꿀 때면

무성한 여름을 키워낸 뿌리 속에는
갈무리 된 아버지의 가을이 담겨있습니다

씨를 뿌리고 꽃을 피웠던 그 발끝에
열매를 거두고 하얀 서리가 내리면
가을의 뿌리는
깊은 겨울을 찾아
떠나갑니다

-「가을의 뿌리」 중에서

「아버지의 詩」는 제목부터 의미심장하다. 아버지는 시다. 아버지는 삶을 시로 살았다. 아버지의 그림자는 슬프다…… 이런 다의미가 함축되어 있다.

시의 전개는 아주 쉽게 놀이터에서 아이들과 만나는 것으로부터 시작한다. "아버지는 놀이터에서/그림자를 그린다/잊혀져가는 것이 가장 두려운 거란다/사선(死線)을 뚫던 포화 속 용기도/이젠 빗살무늬로 남았다"라고 술회한다. 문득,

한 소녀가 "詩는 왜 다 슬퍼요?"라고 물었던
기억이 있다
"詩는 그림자를 그리기 때문이야"라고

답했다
화가의 마지막 붓끝도 그림자를 그린다
그림자가 있어 입체가 된다

그리움이 없는 인생이란 미완성이다
세상은 빛으로만 그릴 수 없듯이
어둠이 있어 빛이 사는 거다

—「아버지의 詩」 중에서

이 말에는 무서운 천리(天理)가 들어있다. "시는 그림자를 그리기 때문이야" 그림자나 "그리움이 없는 인생이란 미완성이다"그래서 인생은 추억으로 입체성을 회복한다. 추억은 슬프다. 그림자는 어둡다. 그러나 "어둠이 있어 빛이 사는 거다" 존재의 빛은 그 어두운 되새김에서 더욱 빛난다.

3. 사랑과 눈과 시와 종소리

그러나 인생의 사양길에는 삶의 체온인 사랑이 숨 쉬고 있다. 박 시인은 「정선아줌마」에서 무너진 "탄광촌"의 깊은 광맥을 발견한다.

살다보니 여자는 없고 엄마만 남았다는
탄광촌 아줌마

(중략)

떠나간 얼굴을 떠올리는 건
설익은 사랑을 기다리는 것
광맥에 박힌 꿈들을 하나 둘 빼며
하얗게 웃고 있는
꿈꾸는 나비

—「정선 아줌마」 중에서

"살다보니 여자는 없고 엄마만 남았다는/탄광촌 아줌마"에게서 뜻하지 않은 "나비"와 "꿈"을 발견한다. 사랑은 늙지 않는다. 사랑은 늘 현재다. 지나간 과거라고 하지만 눈앞에 떠오르는 너는 늘 현재다. 그것이 "꿈"이라고 할지라도, 그것은 지금 반짝인다. 그래서 박 시인은 말한다. "광맥에 박힌 꿈들을 하나 둘 빼며/하얗게 웃고 있는/꿈꾸는 나비" 그렇다, 꿈꾸는 여자는 아름답다.

사실 내가 시인이라는 것도 아직 기다림에 시달리는 "나무", 혹은 "자작나무"라는 말이다.

오늘
홀로 걷는 자작나무 사이로
아직 마르지 않은 벽이 있어
너에게 보낸다
우뚝 서면 숲이 되어
흔들릴 때마다 하얀 각질을 벗다
내가 들켜버린 '그립다'는 것,
후회처럼 내가
나무로 섰다

—「자작나무 숲에서」 중에서

사실 이렇게 나이가 들고 외로우면 더욱 정에 민감하고 쉽게 아프다. 길섶에 숱하게 많은 풀들인데, 무심코 지나쳤던 풀잎에서 "풀독"이 들고 늘 근지럽고 "가렵다".

긁으면 어수선하게 일어나는 꿈들이
있다
잠시 스쳤을 뿐인데 그녀가
간지럽다
생각할 때마다 알레르기처럼
가슴에 반점이 돋고

긁다가
긁다가 부어오르면
전자파의 울림마다 온몸이 예민하다

스친 눈빛이 투명하게 상처를 냈다
잠시 스쳤을 뿐인데
가렵다

—「풀독」 전문

겨울마다 첫눈이 온다. 그래서 우리는 겨울마다 그것을 "첫눈"이라고 부른다. 그런데 박일중 시인의 시에는 「두 번째 첫눈」이라는 시가 있다. 두 번째 눈은 분명 두 번째 눈이지 "첫눈"이 아닌데, 기어이 "첫눈"이라고 부르는 이유는?

늦가을 창틈에서
두 번째 첫눈(雪)을
기다린다
한 번은 신(神)의 것이고
한 번은 내 것이다

절망 끝에 밀려오는

거친 흔적과
믿을 수 없는 눈발이
어느 날 내리 듯,
언제나 한 번은
신의 몫이다

—「두 번째 첫눈」 중에서

이 시에는 신에 대한 무서운 음모가 숨어있다. 첫 번째 첫눈은 "신의 것"이란다. 첫 사랑은 역시 신이 보낸 것. 기적처럼 왔다가 기적처럼 영원히 사라졌다. 그런데 다음 "한 번은 내 것이다"라고 하면서 한 번 더 "신의 몫"를 기다리는 이 파렴치범은 누구인가?

그것은 "절망 끝에 밀려오는 거친 흔적"을 뼈아프게 경험한 박 시인 자신이다. 그는 아직도 "믿을 수 없는 눈발이 /어느 날 내리 듯,"늦가을 창틈에서/두 번째 첫눈(雪)을 기다린다. 그것은 지금까지 그 많은 굴종과 실망을 안겨준 어느 사랑보다 더 한 기적이, "신의 몫"이 마지막으로 내게 올 수 있다는 기대감!

사랑이나 시 쓰기는 이런 기적 같은 기대감에 집중하는 일종의 수도행위다. 그러나 너무 집중하다 보니 남의 욕망이나 남의 "모국어"에 신경을 쓸 시간은 없다. 그것은 '수도행위'가 아니라

잔인한 이기주의라고 스스로 반성한다.

착륙을 시도하는 타이밍에
손바닥으로 압사시켰다
정확히 말하자면 착륙을 기다렸다

아른거림이 사라진 새벽 3시
또 신경을 빼앗겨 버렸다
그것도 시를 쓰려는데

혹시 날파리가 나를 위해
새벽기도를 온 걸까
모국어 차이 때문이라면
실수를 저지른 것이다
작은 목숨을 끊어가며 써야 하나

그것도
詩를 쓴다면서

—「詩를 쓴다면서」 중에서

어떻게 보면 우습기도 한 시인의 이런 자아성찰은 사뭇 진지하다. "혹시 날파리가 나를 위해/새벽기도를 온 걸까"이런 좋은 뜻을 읽지 못하고 내가 죽였다? 이것은 내가 날파리의 "모국어"를 알지 못한 실수다. 시인이 날파리도 뮤즈도 다 죽이고 시를 쓸 수 있을까. 이것은 시를 쓴다는 사람의 자기모순이다. 시인 되기는 나름대로 하나의 종교다.

그래서 동양에는 예로부터 "시도(詩道)"라고 하지 않았던가. 박일중 시인은 그렇게 자신도 "하나의 종이 되리라"고 다짐한다.

종이 되리라
종이 되리라
때리면 울리는 종이 되리라

가장 높은 곳에서 울려
낮은 곳으로 퍼지는
종이 되리라

경계에 이르러 돌아서지 않고
뚫고 나가 빛이 되는
종이 되리라

스치면 울리는
시인이 되리라

—「종이 되리라」 전문

그러나 박 시인의 종교는 시다. 그것은 사랑의 종교에 속한다. "스치면 울리는" 센스티브한 피부의 시인은 스님처럼 금욕적이라기보다는 오히려 육감적이기까지 하다. 밀교, 혹은 탄트리즘처럼 육욕이나 성행위를 죄악시하지 않는 성스러운 궁전으로 몸을 생각한다. 서양에서 빵을 만들고 굽는 것을 보고 박 시인은 충만한 비움의 에로티시즘을 그린다. 「빵이 되고 싶다」는 바로 이런 경지를 묘사한다.

효모들이 번지며 말랑해진 공간
물렁한 가슴을 그늘진 곳으로
내밀어 보는 것
짓무른 눈 주위를 살펴보는 것
그리고
견딜 수 있도록 안아보는 것

(중략)

뾰족한 부위마다 천천히 녹여내는 효모의
비움
그러다 어느 날,
찰싹 달라붙어 빵이
되는

—「빵이 되고 싶다」 중에서

이렇게 해서 박일중 시인의 '다초점렌즈 시학'은 에로티시즘으로 그 절정에 이른다. "효모들이 번지며 말랑해진 공간/물렁한 가슴을 그늘진 곳으로/내밀어 보는 것" 이것은 효모를 지닌 양(陽)이 그늘진 음(陰)으로 밀어보는 행위이다. "효모의 비움은 사정(射精)"…… 그 "비움"은 맛있는 "빵"을 낳는 충만한 비움인 것!

박 시인은 이 시집에서 오르는 것이 낮아짐을 말한다. 쉬는 것이 오히려 눈빛을 더욱 바쁘게 한다. 그런 눈으로 보니 자신이 아버지를 되살고 있는 느낌이다. 추억이 과거를 되살리고 그림자가 나무의 존재의 빛을 더한다. 아버지가 아들로 완성이 되듯이. 아들이 아버지가 되니까. 이것이 또한 "당신이 4월입니다"의 상징성이다.

시간의 영원한 회귀. 그래서 박일중의 "다초점렌즈"는 삶과 육체, 우주의 날줄과 씨줄을 선회하며 시에 찬란한 빛을 돌려준다.

後記

그동안 가꿔온 꽃밭을 떠나기 전에 개인시집을 출간해 꽃들에게 선물하고 퇴임식을 하겠다고 마음을 먹었던 것이 5년 전이다. 예전에 비해 교직 생활이 힘들기는 하지만, 돌아보니 아이들은 모두 순수하고 영혼이 푸른 꽃이었다.

시를 쓴다는 것이 힘들기는 했지만 참 행복한 일이었다. 시를 쓰면서 감사함을 느끼는 것은 내가 오로지 나로 살아가는 일, 즉 '나' 다운 나를 찾아 만날 수 있는 시간이기 때문이었다.

시인이 아니었다면, 시를 쓰지 않았다면, 길에서 주운 알사탕만한 사건·사고와 느낌에서 바위만한 고민들까지 가슴에 달고 다녀야 하는 불편한 생활에 얼마나 힘들었을까 하는 생각을 한다.

시를 한 수 쓰고 나면 불편함이 사라지는 편리성(?)때문에 빈 가슴일 때가 많다. 내 시는 나의 역사며 스토리이기에 나의 순장(殉葬)품이 될 것이다.

또 문학을 하면서 소중한 인연을 많이 만났다. 그 분들에게 진

심으로 감사함을 전한다.

일일이 언급할 수는 없지만 참 좋은 인연이다.

시집을 탈고하면서 내가 사용했던 소품들 대상들, 사람이든 물건이든 또는 지독한 집착까지, 이제는 날개를 달아주고 자유롭게 날려 보내 주어야 한다.

다시 빈 가슴으로 내가 가벼워져야 할 때다.

작년에 작고하신 아버지도 어느 행성에선가 시를 쓰고 계실 것이라 믿으며, 먼 지구까지 더 이상 초대하지 않겠다.

탈고는 부족함으로 아쉽기는 해도 뿌듯한 일이면서 또 낯선 길을 준비하라는 암시이기도 하다.

더 좋은 순장품을 만들기 위해서 낯선 길을 꾸준히 가겠다.

2019. 생일날. 신촌에서